お金と経済のしくみがよくわかる本

会社をつくろう

②

会社をつくる準備をしよう

監修 あんびるえつこ・福島美邦子

岩崎書店

はじめに

　みなさんは「会社をつくった人」と聞くと、どのような人をイメージしますか？　新しいことに敏感な人、部下にかっこよく指示する人…もしかしたら"お金持ち"なんていうイメージもあるかもしれませんね。このようなイメージは、『会社をつくろう』という本を読み進めていくと少し変わってくるのではないかと思います。

　この本は、わたしの古くからの友人である福島美邦子さんにいっしょに監修をしていただきました。福島さんは「会社をつくった人」であり、現役の社長さんです。本の中にも「ふくふくさん」として登場し、設立までの道のりや細かい知識をいろいろ教えてくださいました。ですが、福島さんはテレビドラマによく登場する"いばったカリスマ社長"という感じではありません。謙虚に、そして積極的にまわりの人の声を聞いてビジネスを展開していく、ねばり強い人です。本を読み進めていくと、会社をつくるためには、必要なモノややらなくてはいけないこと、決めなくてはいけないことが山ほどあることがわかるでしょう。でもひとりでできること、考えられることにはかぎりがあります。会社をつくるのに必要なのは、「ふくふくさん」のようなねばり強さと、そして周囲の人を大切にする心なのではないかと、わたしは感じています。

　今、日本には、およそ178万もの会社企業があります。ですが「AIの導入によって日本の労働人口の49%の仕事がなくなる」というレポートがしめすように、今後大きく社会環境が変わることはまちがいないでしょう。こうした変化のときだからこそ、みなさんのような若い力が「会社」を新しくし、世の中に活力をあたえ、よりよい社会へ導いていくのではないかと思うのです。どうぞ『会社をつくろう』3冊を通して読んでみてください。そして、主人公といっしょにいろいろな知識を得ると同時に、会社をつくるのに必要な、あきらめないねばり強さや、まわりの人の声に耳をかたむける心を養ってくれることを願っています。

あんびるえつこ

※1 総務省・経済産業省「令和3年経済センサス - 活動調査」　※2 野村総合研究所とオックスフォード大学の共同研究2015年12月

会社やお店をつくるためにやることをまとめてみたよ

どんなことをするのかな？

会社づくりマップ

スタート！

どんな会社・お店をつくりたいか考える

会社とはなにか考えてみる

理念や名前を決める

会社を始めるために必要な費用をおおまかに計算してみる

1巻はここまで

事業計画書をつくる

会社をつくるスケジュールを考える

資本金を集める

活動を広く知らせる

会社を設立する

お店の価格戦略を考える

お店や会社に必要な人材を集める

会社はつくったら終わりじゃないよ。会社をつづけるためにはどうしたらいいか考えよう

はたらく人をやとうための費用や労働環境を考える

お客をよぶ方法を考える

売り上げ目標を決める

2巻はここまで

売り上げをまとめる

税金をおさめる

もうけたお金を活用する

も く じ

会社の資金を集めたい！

カフェを始めるのに
350万円かぁ…

お年玉貯金だけじゃ
ぜんぜん足りないね

会社をつくったり
お店を始めたりするのって
けっこうお金がかかるんだよ

お金がかかるとは
思っていましたが
予想以上でした

それにね
すぐにもうかるとも
かぎらないのよ

しゅん…

ですよねぇ…

これくらいで
落ちこむなんて
アヤらしくないよ！

きっと
なんとかする
方法があるって！

そうだよね…
別の方法を
考えればいいんだ！

お金がないなら
お金を集めれば
いいのよ

クラウドファン
ディングとか
助成金とか

資本金ってなに？

アヤたちは、カフェを始めるために必要な費用をまとめてみました。事業を始めるときに用意するお金を「資本金」といいます。アヤたちが資本金をどうやって集めていくのか見ていきましょう。

● お店や会社を始めるために必要なお金

お店や会社を始めるときに必要になるお金には、どんなものがあったでしょうか。お店の内装工事や調理設備、食器などの備品をそろえるための費用や、運営にかかる固定費・変動費などを合わせた運転資金などが必要になります。これらの費用が、まっち！お茶カフェを始めるのに必要な資本金です。

会社の登記などに必要なお金もふくまれますよ

まっち！お茶カフェを始めるために必要なお金(資本金)

設備資金
200万円

内装工事、調理設備、食器などの備品、宣伝費、手続きにかかる費用など。

＋

運転資金 150万円

固定費	変動費
家賃、正社員の人件費など	材料費、消耗品など
40万円	35万円

× 2か月分

合計350万円

わたしのお年玉貯金いくらあったっけ…

資本金の足りない分をどうしたらいいか考えるところからがスタートだね

● 資本金を用意する

資本金は、自分のお金(自己資金)でまかなうのが基本で、ほかの人から借りて返済が必要なお金は資本金にできません。親や知人が出資してくれたお金や、クラウドファンディングで集めたお金は資本金にすることができます。

コツコツためる

自分で会社を始めたいという思いがあるならば、コツコツと貯金をしておきましょう。それが、会社をつくりたいという意志のあらわれとなります。

親や知人に出資してもらう場合

自分の計画をしっかり伝え、必要な金額をしめしましょう。出資してもらったお金を資本金とするためには、株式をわたしたり、経営に参加してもらったりする必要があります(→ P18)。

町おこしのためにがんばりたいので出資してください

こんな計画を立てていたのね

…よし、応援するからやってみなさい

なんとか180万円まで集まったね…

残り170万円か…お金を借りるといったら…銀行とか?

銀行からお金を借りるのはまだむりかな

実績と信用ができてからだね

そうかぁ…

では、残りはクラウドファンディングで集めましょう

クラウドファンディングってなに？

クラウドファンディングとは、「群衆（クラウド）」と「資金調達（ファンディング）」を組み合わせた言葉で、多くの人から資金を集めることです。今はインターネットを使っておこなうことが多く、自分ひとりでは実現しにくいプロジェクトに挑戦でき、集めたお金を資本金にすることができます。

● クラウドファンディングのしくみ

クラウドファンディングは、何かを始めたいと考えている人（実行者）が、インターネットなどを通じて取り組みたいことへの思いやプラン、目標金額を発信し、その取り組みに賛同する人たち（支援者）が出資するというしくみです。ひとりひとりの出資額は少額でも、不特定多数の人びとへよびかけることで、大きなお金を集めることができます。

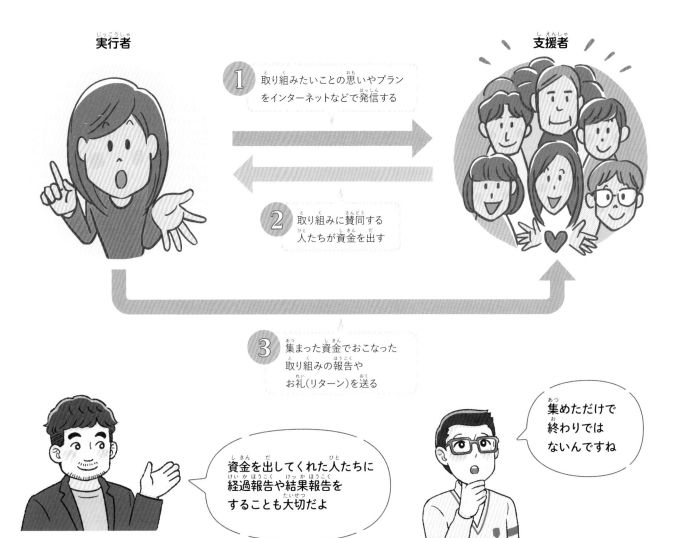

実行者　支援者

1 取り組みたいことの思いやプランをインターネットなどで発信する

2 取り組みに賛同する人たちが資金を出す

3 集まった資金でおこなった取り組みの報告やお礼（リターン）を送る

資金を出してくれた人たちに経過報告や結果報告をすることも大切だよ

集めただけで終わりではないんですね

● クラウドファンディングの種類

クラウドファンディングには、大きく分けて3つの種類があります。金銭によるリターンをおこなわない「寄付型」、取り組みに賛同してもらい、出資してもらって、そのサービスや商品をリターンとする「購入型」、金銭によるリターンをおこなう「投資型」です。

	寄付型	購入型	投資型
リターン（お礼）	金銭によるリターンをおこなわない	取り組みに賛同してもらい、出資してもらって、そのサービスや商品をリターンとする	金銭によるリターンをおこなう
特徴	災害にあった地域の支援など、社会への貢献度が高い取り組み	会社をつくる、お店を開く、イベントをおこなうなど、活用方法はさまざま	事業としておこなうことが多い
おもな実行者	認定NPOや公益法人など	個人、企業などさまざま	中小企業

わたしたちには、購入型がよさそう！

● クラウドファンディングの募集方式

クラウドファンディングでお金を集める方法は、「オールイン方式」と「オールオアナッシング方式」の2種類があります。どのようなちがいがあるか見てみましょう。

	オールイン方式	オールオアナッシング方式
支援金	目標金額を達成できなくても、集まった分のお金を受け取る	目標金額を達成したときだけ、集まったお金を受け取る
プロジェクトの実行	目標金額を達成できなくても、プロジェクトを実行しなければならない	目標金額を達成したときだけ、プロジェクトを実行する

オールイン方式は募集期間内であれば目標金額をこえても支援金を集めつづけられますよ

アヤちゃんたちには目標金額にとどかなくてもプロジェクトを実行できるオールイン方式がいいですね

クラウドファンディングで資金を集めよう

アヤたちはクラウドファンディングで資本金を集めることにしました。目標金額を決め、魅力的なリターンも考えていきます。インターネットのクラウドファンディングのサイトに申請して、資金を集めます。

① 目標金額を決める

クラウドファンディングで集める目標金額は、必要な資金のうち用意できていない金額をもとに決めます。このときに、サイトへの手数料やリターンに使うためのお金も必要なことをわすれないでおくとよいですね。

手数料はサイトによってことなるので、確認しておきましょう

② クラウドファンディングのサイトに申請する

クラウドファンディングのサイトはいくつもあります。手数料、閲覧者数、あつかうプロジェクトのジャンル、達成状況などを比べて、自分にもっとも合うと思うサイトを選びましょう。

各サイトには審査があるので審査の基準を調べることも大切だよ

おもな購入型クラウドファンディングサイトの例

サイト名	特徴	得意なジャンル	手数料
CAMPFIRE（キャンプファイヤー）	国内最大手のクラウドファンディングサイト。プロジェクト掲載までの日数が短く、サポートも手厚い。	音楽、マンガ、アート、ファッション、エンタメなど、はば広くあつかう。	12%
BOOSTER（ブースター）	全国で商業施設を展開するPARCOとCAMPFIREが協力して運営している。専門のスタッフがサポート。	地域貢献、カルチャー、フードなどから厳選されたプロジェクトを掲載。	17%〜20%（プランにより変動）
Makuake（マクアケ）	世の中にまだない新しい商品や体験のプロジェクトが多く掲載されている。すべてのプロジェクトに担当キュレーターがつく。	ファッション、フード、アウトドア、新商品、体験型プロジェクトなど。	20%
Kibidango（きびだんご）	オールオアナッシング方式のみの購入型クラウドファンディングサイト。プロジェクトの達成率は80%。	ものづくり、新商品の企画など。	10%

※2024年2月現在の情報です。

③ サイトにプロジェクトページをつくる

自分が取り組むプロジェクトを紹介するページを、サイト内につくります。プロジェクトの目的や特徴、目標金額、募集期間などを掲載します。目標金額を達成したプロジェクトのページを見てみると、文章の書き方や写真ののせ方などが参考になります。

ここの写真大きくしたら？

④ 魅力的なリターンを考える

サイトを見た人が「ここを支援したい！」と思うような魅力的なリターンを考えます。出資額に合わせて、さまざまなリターンを考えておきましょう。リターンの内容だけでなく、どのようなかたちで支援者にわたすかをはっきりさせておくと、安心感が増します。

支援金	リターン
1000円	初回来店時ドリンク1杯サービス、ポストカード1枚プレゼント
3000円	ドリンクチケット5枚、初回来店時おかし1つサービス
5000円	ドリンクチケット5枚、おかし詰め合わせセット
10000円	ドリンクチケット5枚、地産地消の野菜詰め合わせセット
30000円	ドリンクチケット10枚、特産のお茶と地元陶芸家の湯のみセット
50000円	来店時ドリンク1杯サービスパスポート(半年間有効)、特産品詰め合わせ
100000円	来店時ドリンク1杯サービスパスポート(半年間有効)、1日お店貸し切り権

ぼくたちはこういうリターンを考えたよ

⑤ プロジェクトの経過報告をする

プロジェクトページを公開したら、支援者に向けて経過報告をすることが大切です。支援者から直接メッセージがとどくことがあるので、早めにお礼と返信を送りましょう。支援者と連絡を取りつづけることで、その後もずっと応援してくれることもあります。

アヤ：お店の改装が始まりました！　今日はかべのひび割れを修理して、きれいにぬりなおしてもらいました。

商店街の近くに住む者です。応援しています！

アヤ：ありがとうございます！　みなさまのいこいの場となるようがんばります。

目標金額まであと少し！支援者さんといっしょにがんばるよ！

プロジェクトの募集期間が終わっても経過報告をつづけたほうがいいですよ。支援者は、出資したお金がどのように活用されたか気にしていることをわすれずに！

お店のウェブページをつくろう

自分たちの取り組みを多くの人に知ってもらうために、ウェブページをつくりましょう。ウェブページでは、自分たちの思いをくわしく伝えることができます。また、ウェブページをもっていると、クラウドファンディングや融資を受けるときに便利です。

● ウェブページをつくるメリット

ウェブページでは、自分のお店や会社の理念や魅力を、具体的に伝えることができます。また、SNSを使った口コミを広げてもらうこともできます。

そのときどきのメニューやサービスなどの情報、急なお休みのお知らせなどをお客さんに伝えることもできます。

お店の魅力をさまざまな方法で伝えられる

リアルタイムで情報を発信できる

SNSなどでお客さんと直接コミュニケーションがとれる

● 必ず掲載することをまとめる

ウェブページに必ず掲載しておくべき内容を書き出しましょう。お店の所在地や地図、営業日や休業日といった基本情報のほか、外観や内装、料理の写真、イベント情報など、自分がお店に行くときに知りたいことを考えてみるとよいですね。

このほかにどんなことを掲載したらいいか考えてみてね

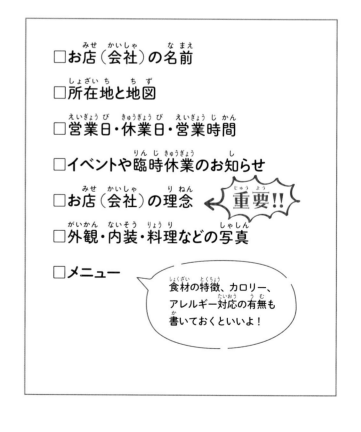

□お店（会社）の名前

□所在地と地図

□営業日・休業日・営業時間

□イベントや臨時休業のお知らせ

□お店（会社）の理念 ←重要!!

□外観・内装・料理などの写真

□メニュー

食材の特徴、カロリー、アレルギー対応の有無も書いておくといいよ！

● アピールポイントをまとめる

　自分たちがお客さんに伝えたいこと、お店の理念や魅力、こだわりポイントなどをくわしく掲載することで、ウェブページを見た人が「行ってみたい！」と思うきっかけになります。見た人に興味をもってもらえるように、さまざまな情報を発信していきましょう。

オリジナルメニュー

お店のオリジナルメニューや季節限定メニューなど、写真をそえてのせましょう。ウェブページを見た人だけが知ることができる裏メニューなどあってもよいですね。

お店のふんいき

お店の周辺がどのような場所か、めざすサービスはどのようなものか、どのようなイベントをおこなっているか、ていねいに説明しましょう。

スタッフの魅力

日本茶や茶葉にくわしい人、地元の情報通の人など、魅力的なスタッフのコメントや、メニューや商品の紹介によって、お店に興味をもつ人があらわれるかもしれません。

お得な特典

スマートフォンなどの画面を見せるだけで使えるクーポンを掲載しておくと、印刷代もかからず、お店にとってもお得です。初めてお店に来てくれるお客さん向け、常連のお客さん向けなど、工夫してみましょう。

生産者のコメント

お店で出すメニューの食材を育てた農家の人や、地元の特産品をつくっている職人などからコメントをもらって掲載すると、地元の産業や文化に興味をもつ人をよぶことができます。

SDGsへの取り組み

環境問題への取り組みなどは、お店のイメージアップにもつながります。お店から出るごみをへらしたり、材料をむだなく使ったりする工夫など、自分たちの取り組みを発信しましょう。

● おしゃれで見やすいページデザイン

　ウェブページのデザインを考えるときは、知りたい情報がすぐに見つかるように、文字の大きさ、読みやすい書体、リンクボタンの位置など、レイアウトを工夫することも大切です。

パソコンとスマートフォンのどちらでも見やすいと、なおいいわね

会社を設立しよう

クラウドファンディングのおかげで、アヤたちは資本金を集めることができました。資本金が用意できたら、会社を設立する手続きをしましょう。ここでは、アヤたちがつくる株式会社を設立する方法を紹介します。

① 発起人を決める

会社の設立を企画して、資本金を出し、設立の手続きをおこなう人を「発起人」といいます。まっち・ぐー株式会社の発起人はアヤとお母さんで、アヤが代表取締役になります。

未成年でも
発起人になれるよ

発起人のおもな役割

• 会社に1株以上出資する
• 会社の重要事項を決める
• 会社設立の手続きをおこなう

② 資本金の額と 1株の金額を決める

株式会社は資本金が1円から設立できますが、設備資金と運転資金数か月分を合わせた額を資本金とするほうがよいでしょう。資本金の額をもとに、発行する株式の1株あたりの金額を決めます。

資本金
350万円

1株1万円に
しよう

1株を1万円にしたとき、資本金が350万円なら350株になる。

③ 株主の構成を確認する

株式会社では、株式をいちばんたくさん持っている人に経営の最終的な決定権があります。そのため、代表者は3分の2以上、少なくとも2分の1以上の株式を持っている必要があります。

半分以上の株を
持っているよ

350株

アヤ

親

自己資金20万円
＋
クラウドファンディング170万円
190万円出資＝190株

160万円出資
＝160株

株式をどれだけ持っているかで、経営にどれだけかかわれるかが決まる。
すべての株式の2分の1以上を持っていれば、代表者になることができる。

④ 役員を決める

役員とは、会社の経営にかかわる人で、取締役などがこれにあたります。株式会社を設立するには、1名以上の取締役が必要になります。ひとりまたは少人数で設立するときは、発起人、株主、取締役を同じ人がつとめることも多いです。

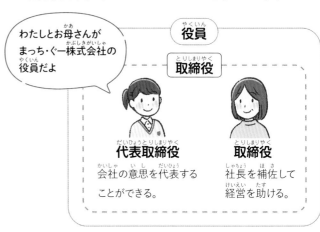

わたしとお母さんが
まっち・ぐー株式会社の
役員だよ

役員

取締役

代表取締役
会社の意思を代表する
ことができる。

取締役
社長を補佐して
経営を助ける。

⑤ 事業年度を決める

会社には1年間の売り上げをまとめて決算書をつくることが義務づけられています。決算書をつくるための区切りの月が決算月です。決算月は会社が自由に決めることができ、設立日をいつにするかの目安にもなります。

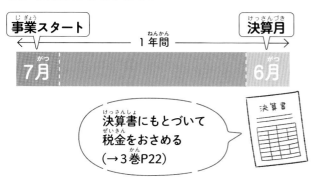

事業スタート ← 1年間 → 決算月
7月 6月

決算書にもとづいて税金をおさめる（→3巻P22）

決算書

定款にはこんなことを記すよ

- 会社の名前、本社の所在地
- 事業の目的
- 資本金の額
- 発起人の名前と、持っている株式数
- 取締役会を設置するかどうか
- 株主総会をおこなう時期や招集方法
- 事業年度（毎年何月から何月までを1期とするか）
- 発行できる株式の数

⑧ 資本金を払いこむ

この時点では会社の登記ができていないので、発起人個人の銀行口座をつくり、その口座に資本金をふりこみます。発起人がその口座に資本金をふりこんだことを証明するためです。通帳などのコピーをとり、登記するときに提出します。

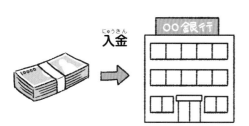

入金 〇〇銀行

⑥ 会社の印鑑をつくる

会社で使う印鑑は、会社の実印（代表者印）、会社の銀行口座を開設するときなどに使う銀行印、毎日の事務に使う角印の3種類が必要です。書類によって使う印鑑が変わるので、必ずつくっておきましょう。

印鑑ができたよ！

⑦ 定款をつくる

会社の基本的な決まりを定めた「定款」をつくります。定款には、会社の名前、本社の所在地、事業の目的、資本金の額、発起人の名前と住所、発行できる株式の数などを記載します。定款をつくったら、各都道府県にある公証役場で認証を受けます。

パソコンでつくってPDFで提出する電子定款が便利なので利用しよう。

⑨ 登記申請をする

会社の本社がある地域の法務局へ、必要な書類一式を提出し、会社の登記をおこないます。法務局の窓口へ直接持っていくほか、郵送やオンラインでの申請も可能です。登記が終わったら、「登記事項証明書（登記簿謄本）」と、会社の印鑑登録をして「印鑑証明書」をもらい、会社設立の手続きが完了します。

会社の資金を用意する方法

自分の貯金では足りなくて
資本金を集められなかったら
どうしたらいいんですか？

出資者をつのったり
融資を受けたりすることが
多いわね。
クラウドファンディングも
出資のひとつのかたちよ

● 出資と融資のちがい

出資も融資も、会社に対してお金を出すことです。出資は、その会社の事業を見こんで「資金を提供すること」です。会社は出資者に対して返済の義務はありませんが、株式会社であれば出資者は「株主」となり、株主総会に参加して議決に加わる権利や配当金などの利益分配を受ける権利をもちます。いっぽ

う、融資は銀行などの金融機関が「資金を貸すこと」なので、融資を受けたら返済の義務が生まれます。また、出資してもらったお金は会社が自由に使えますが、融資で借りたお金は、設備資金、運転資金、人件費など使い道が決められています。

  将来性がありそうな
人や会社に出資するよ

お金を返してもらえそうな
人や会社に融資するよ

出資	会社から見ると	融資
お金を出してもらう		お金を借りる
基本的にはなし	返す義務	あり（利子をつけて返す）
わたす（買ってもらう）	株式	わたさない
あり	株式の配当金※1	なし
かかわる	会社の経営	基本的にはかかわらない
基本的には不要	担保や保証人※2	必要
自由に使える	使い道	限定される

※1 配当金は、株式会社が得た利益の一部を株主に分配すること。
※2 担保は、お金が返せなくなった場合に代わりにわたすもののこと。保証人は、お金が返せなくなった場合に代わりに返す人のこと。

● いろいろな融資を利用する

融資には、公的機関がおこなうものと、民間金融機関がおこなうものがあります。

公的な融資制度

国や地方自治体などの公的機関が、新しく会社をつくる人を支援するためにもうけている融資制度があります。日本政策金融公庫や商工組合中央金庫など、中小企業への融資を専門におこなっている政府関係の金融機関があり、なかでも日本政策金融公庫がおこなう「新創業融資制度」は、新しく事業を始める人向けの融資制度です。担保となる不動産や、保証人が必要ないなどの特徴があります。事業計画書を提出し、審査を受けます。

民間金融機関の融資

民間の銀行や信用金庫がもうけている融資制度です。信用金庫は地域の中小企業を応援しているため審査は通りやすいですが、対象地域が限定されているところなどがデメリットです。地方銀行も地域密着型のため、融資を受けやすいといわれています。大手銀行の審査はきびしく、中小企業は融資を受けられないこともあります。また、担保や保証人が必要なことが一般的です。

● 助成金や補助金を利用する

　資金の調達方法として、国や自治体、民間の団体などから支給される「補助金」や「助成金」を活用する方法もあります。しかし、どちらも予算枠や資格などの応募条件があるため、申請すれば必ず受け取れるものではありません。また、事業を先におこなってあとからお金がふりこまれる「後払い」制度のものも多いため、開業するための資金のあてにはしにくい制度です。利用を考えるときには、条件をよく調べてからにしましょう。

助成金・補助金の例

名称	対象	金額
創業助成金（東京都）	東京都内で創業を予定している人や5年以内に創業した人	100万〜300万円
大阪起業家グローイングアップ事業（大阪府）	大阪府内の事業者や大阪府内で起業しようとしている人	最大100万円
小規模事業者持続化補助金（経済産業省）	新しい事業や生産性向上などに取り組む小規模事業者	50万〜200万円

※2024年2月現在の情報です。

資金の集め方はいろいろあるんですね

自分たちがくらす自治体でどんな助成金を出しているか調べてみるといいよ

お金を借りるのはたいへんなこと

個人からでも
金融機関からでも
お金を借りるときには
必ず文書で約束をしないと
いけませんよ

口約束だけだと
あとでもめることも
あるからですね…

● 会社がお金を借りるには

　会社が金融機関などからお金を借りるためには、その会社が「信用できる」ことをしめす必要があります。そのためには決算書などを提出し、返済できることを証明します。創業時はまだ決算書がないので、事業計画や融資を受けたい額をしめし、返済の実現性や事業の可能性を判断してもらいます。

資本金も
これくらい
あります

これなら
いいでしょう

● 返済しなければならない

　借りたお金は、必ず返さなければなりません。金融機関などから借りた場合などは、返すときに利子をつけて返します。利子は返済額や金利（1年間の利子の割合）によって変わります。借りるときに返済期間を決めるのですが、期間が長いと月々の返済額は少なくなり、総返済額が高くなることが多いです。

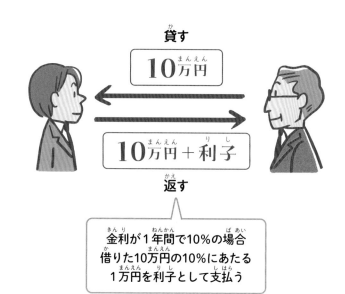

貸す

10万円

10万円＋利子

返す

金利が1年間で10％の場合
借りた10万円の10％にあたる
1万円を利子として支払う

20

● 返せなかったときのことを考える

事業がうまくいかなかったり、病気にかかったりして経営ができず、借りたお金を返せなくなるということもあります。公的機関の創業融資は担保（返済できないときに代わりにわたすもの）や保証人（返済できないときに代わりに返済する人）がいらないことが多いですが、民間金融機関からの融資では、土地などの不動産や連帯保証人など、返済を立てかえる手段を求められることがあります。

こちらでどうでしょう

返せなかったら不動産で支払う

担保（不動産）

返せなかったら代わりに支払う

連帯保証人

借りたものは返さないといけないし、借りるときにはそれなりのリスクがあるんだよ

よく考えてから借りないといけませんね…

銀行の役割

銀行には、おもに「お金を預かる」「お金を貸す」「決済や送金をする」という3つの役割があります。それぞれどのような仕事なのか見ていきましょう。

お金を移動するときの手数料も、銀行のもうけになりますよ

①お金を預かる

個人や会社など（預金者）からお金を預かっています。銀行は、預け入れられたお金（預金）に対して利息を支払います。

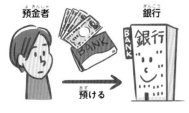

預金者　　　銀行

預ける

②お金を貸す

銀行が預かった預金を、お金が必要な個人や会社に貸しつけます。銀行は、貸しつけたお金に対して利息を受け取り、この利息と預金者に支払う利息の差額が銀行の利益になります。

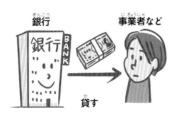

銀行　　　事業者など

貸す

③決済・送金する

お給料や年金を個人の口座にふりこむ、クレジットカードや公共料金の支払いをするなど、お金の移動（決済）をおこなっています。

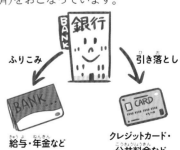

ふりこみ　　　引き落とし

給与・年金など

クレジットカード・公共料金など

2章

メニューの価格を決めてみよう

アヤちゃん
お店で出すメニューの
値段は決めた？

1杯どれくらいの
値段にしたらいいか
なやんでいて…

ほかのお店ではどうやって
値段を決めているんだろう…

アヤ、ほかのお店では
どんな値段なのか
見に行かない？

いいね
行きたい！

パアッ

あ…
でも子どもだけで
カフェに入っても
いいのかな…

ハッ

じゃあ
わたしの取材に
ついてくるのはどう？

ひょい

いいんですか？

行きたいです！

オッケー
まかせて！

よろしく
お願いします！

日曜日

CAFE CA

まずはチェーン店の
カフェに行きましょう

わあ、ここ
入ってみたかったの！

コーヒー 350円　　まっ茶ラテ 500円

おいしそう…

まっ茶ラテが500円…
わたしには高いです…

次はコンビニね

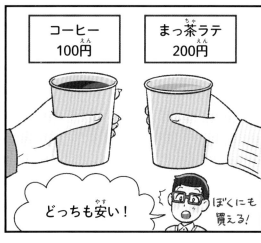

コーヒー 100円　　まっ茶ラテ 200円

どっちも安い！

ぼくにも買える！

最後はここよ

喫茶 こだわり

レトロですてき！

コーヒー 500円〜1000円　　まっ茶ラテ 700円

コーヒーが1000円…

まっ茶ラテも700円…

価格が高い分もうかっているのかな…

高いコーヒーには理由があるのよ

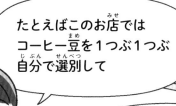

たとえばこのお店ではコーヒー豆を1つぶ1つぶ自分で選別して

お店のふんいきもお客さんがリラックスできるように工夫しているの

おいしいコーヒーのいれ方の研究をして

1つぶずつ!?

そうなんだ…

さっきのコンビニのコーヒーは安かったけどなんでだと思う？

いっぱい売れるように？

あっ！たくさん仕入れるからかも！

どっちも正解！

たくさん仕入れて安く、より多く売る方法もあるし

材料や味にこだわる方法もあるし

付加価値をどう考えるかによって、価格も変わるのよ

価格を決める要素を考えよう

同じコーヒーでもお店によって1杯の値段が変わることがわかったアヤたち。その値段には材料費だけでなく、さまざまな要素がふくまれることもわかりました。商品の価格を決める要素にはどんなものがあるのか見ていきましょう。

● 価格を決める要素

商品の価格には、材料費（原価）のほか、調理にかかる光熱費や、調理などサービスにかかる人件費、お店の家賃や宣伝費などがふくまれています。原価が安くても、そのほかの要素にお金がかかっていれば、商品の価格が上がります。これらの要素をすべてふくんだうえで、利益が出るように価格を決めていきます。

メニューの価格を決める手順

Step1 価格を決める要素を考える
↓
Step2 メニューの原価を計算する
↓
Step3 ほかのお店の価格戦略を調べる
↓
Step4 自分たちのお店の価格戦略を考える

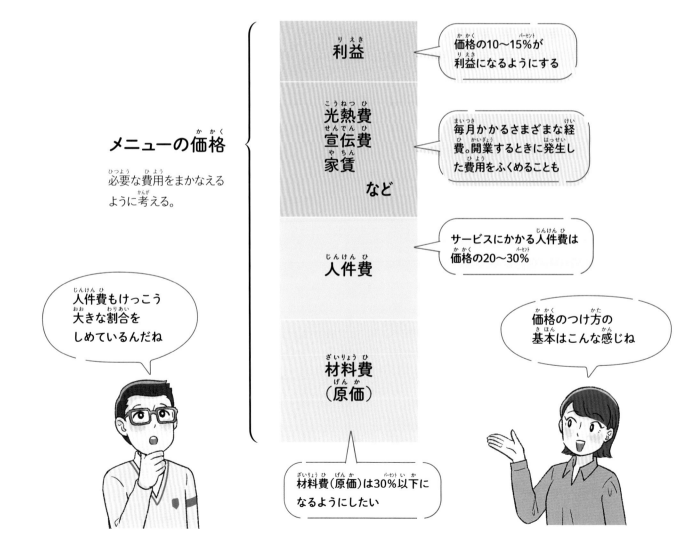

メニューの価格
必要な費用をまかなえるように考える。

利益
> 価格の10〜15%が利益になるようにする

光熱費 宣伝費 家賃 など
> 毎月かかるさまざまな経費。開業するときに発生した費用をふくめることも

人件費
> サービスにかかる人件費は価格の20〜30%

材料費（原価）
> 材料費（原価）は30％以下になるようにしたい

人件費もけっこう大きな割合をしめているんだね

価格のつけ方の基本はこんな感じね

● 原価率ってなに？

メニューの材料費を「原価」といい、価格に対する原価の割合を「原価率」といいます。たとえばコーヒーの場合、1キロ3000円のコーヒー豆から100杯のコーヒーをつくるのであれば、1杯の原価は30円になります。1杯300円で売るとすれば、次の計算式にあてはめると原価率は10％になります。

原価(30円)÷売値(300円)×100＝原価率(10％)

このように、飲み物は原価率が低いことが多いのですが、カフェのメニューの中には原価率が高いものも出てきます。飲食店のメニュー全体の原価率は平均して30％くらいになるとされています。

1杯300円のコーヒーにふくまれる原価と利益の例

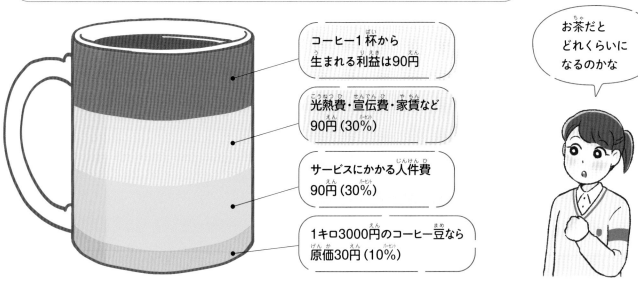

コーヒー1杯から生まれる利益は90円

光熱費・宣伝費・家賃など90円(30％)

サービスにかかる人件費90円(30％)

1キロ3000円のコーヒー豆なら原価30円(10％)

お茶だとどれくらいになるのかな

1つ300円のホットドッグにふくまれる原価と利益の例

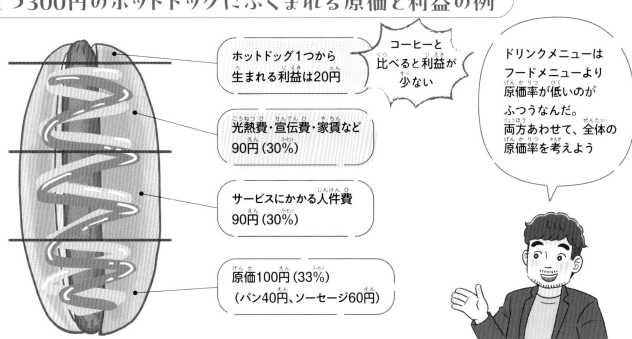

ホットドッグ1つから生まれる利益は20円

コーヒーと比べると利益が少ない

ドリンクメニューはフードメニューより原価率が低いのがふつうなんだ。両方あわせて、全体の原価率を考えよう

光熱費・宣伝費・家賃など90円(30％)

サービスにかかる人件費90円(30％)

原価100円(33％)(パン40円、ソーセージ60円)

原価率を下げる工夫

原価に対して商品の価格を上げ、原価率を下げれば利益が生まれやすくなります。しかし、価格を上げすぎるとお客さんに来てもらえなくなることもあります。商品の価格を上げずに原価率を下げるにはどうしたらよいでしょうか。

● 材料の仕入れ値や人件費を見直す

まずは、材料の仕入れ値を見直しましょう。仕入れ値が下がれば原価率は確実に下がります。少量ずつ仕入れるよりも、ある程度まとまった量を一度に仕入れたほうが安くなることも多いので、仕入れ先と相談してみるとよいでしょう。

次に、従業員の人数や労働時間を見直します。サービスの内容と従業員の人数が合っているかなど、検討することも必要です。

安い材料に変える

原価率を下げるために、それまで使っていた材料よりも仕入れ値が安いものに変えることもあります。その際、品質を下げずに価格だけ下げる方法がないか考えましょう。たとえば、規格外になって売り先のなくなった商品などを、正規品より安く仕入れることができれば、フードロス対策にもなり、原価率を下げることもできます。

アルバイトの人数をへらす

商品の価格を決める要素のうち、原価と同じくらいの割合をしめているのが人件費です。お客さんが少ない時間のアルバイトの人数をへらしたり、お客さんが増える時間だけアルバイトをやとうことにしたりして、人件費をへらすことを考えてもよいでしょう。

価格と品質のバランスを考えないといけないね

人数をへらしすぎるとお店が回らなくなっちゃうよね…

● むだがないか見直す

原価や人件費以外の部分に、むだがないか見直すことも大切です。食材をあまらせていないか、在庫がたまりすぎていないかなど、確認してみましょう。

食材をむだなく使う

ぴったり5グラム

仕入れた材料を使いきれずにあまらせてしまうなど、調理の過程でむだを出してしまうことがあります。必要な仕入れの量や調理の手順を見直し、むだをへらしましょう。

在庫管理を徹底する

焼き菓子などを多めに仕入れて、気がついたら消費期限が切れてしまう。食材以外の消耗品の在庫を切らしてしまって、急いでコンビニなどへ買いにいったら値段が高かった、といったこともあります。正確に在庫を管理するようにしましょう。

光熱費を見直す

エアコンの温度設定を調節する、使わない部屋の電灯を消す、水を出しっぱなしにしないなど、水道光熱費を少しでもへらすよう工夫しましょう。

● メニューの価格を見直す

材料費や人件費の見直し、むだをへらすといった努力をしても、材料費や光熱費が急激に値上がりするなどして、どうにもならないこともあります。そのときは、メニューの価格を見直し、値上げをすることも考えてみてください。

材料費高とうのため値上げいたします。

SDGs!

容器代をへらして環境にもやさしく

カフェで飲み物を注文するときに、自分の容器を持ちこむと値引きをするサービスをおこなっているところがあります。これは紙コップやストローといった容器をお店側が用意する手間や費用をへらすことができるほか、資源の節約にもなります。ごみや廃棄費用をへらすことにもつながります。買う側としても値引きがあってうれしいといった、多くのメリットがあるアイデアです。

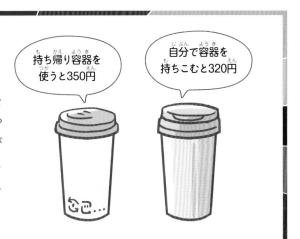

持ち帰り容器を使うと350円

自分で容器を持ちこむと320円

ほかのお店の価格や売り方を研究してみよう

アヤとヒロは、まっち！お茶カフェで出すお茶の価格をいくらにするか考えるために、ほかのお店のコーヒーの価格を調べました。それぞれのお店で出すコーヒーには、そのお店なりの付加価値があり、価格に反映されていることがわかりました。

● いろいろなお店のコーヒーの価格を比べる

コーヒーは、チェーン店のカフェ、昔ながらのこだわりの喫茶店、コンビニなど、さまざまなかたちのお店で販売しています。それぞれのお店での価格や、価格にふくまれる付加価値を比べてみましょう。

チェーン店のコーヒー

350円

原価 ★ ★ ☆ ☆ ☆
価格 ★ ★ ★ ☆ ☆
利益 ★ ★ ★ ☆ ☆

どの店舗で買っても同じ品質を保っている。店内で飲食するお客さんが多く、ある程度接客をする店員の人数が必要で、人件費がかかる。

こだわりの喫茶店のコーヒー

1000円

原価 ★ ★ ★ ☆ ☆
価格 ★ ★ ★ ★ ★
利益 ★ ★ ★ ☆ ☆

マスターがひとりで調理も接客もおこなうため人件費は安い。こだわりのコーヒー豆の価格が高めで、コーヒーをいれる技術料も1杯の価格に反映されている。くつろげる空間を提供しているため、ひとりのお客さんが店にいる時間が長く、1日のお客さんの数は少ない。

コンビニのテイクアウトコーヒー

100円

原価 ★ ☆ ☆ ☆ ☆
価格 ★ ☆ ☆ ☆ ☆
利益 ★ ☆ ☆ ☆ ☆

セルフサービスなので人件費がかからず、安い価格にすることができる。価格が安いため売れる数も多い。ほかの商品の「ついで買い」もねらっている。

フェアトレード商品の価格が高い理由

フェアトレードとは、開発途上の国でつくられたものを公正な価格で取引することをいいます。フェアトレードの商品は、現地の生産者にじゅうぶんな賃金を支払えるよう、商品の価格は少し高くなることが多いです。

お金にはかえられない付加価値もあるということね

28

● 価格につける付加価値を考えてみよう

ほかのお店との差別化や、少し価格を高くしても
お客さんに来てもらうため、アヤたちは1杯のお茶
にどのような付加価値をつけるとよいか考えてみる
ことにしました。

地元の生産者さんが
心をこめて育てた
有機栽培のお茶

茶道の先生の協力のもと、
おいしいお茶のいれ方を追究

古民家のゆったりとした
ふんいきのなかで
リラックスタイムを！

地元の陶芸家が
つくった食器を使用

ぼくたち中学生が
おこづかいで買えるように
1杯の値段はあまり高く
したくないな…。
でもあんまり安くすると
お店を運営できなくなるし…

地元のお茶をたくさんの人に
飲んでもらいたいから…
お茶は1杯200円にしない？

社会状況によって変動する価格

原価のことを考えて
価格を考えたけど…
ずっと同じ価格で
大丈夫でしょうか？

価格は
自分たちだけでは
決められないことも
あるのよね

● 需要と供給のバランスで価格が決まる

ものの価格は、買いたいという「需要」と売りたいという「供給」のバランスで決まります。そのため、同じ商品でも社会の状況によって価格が上がったり

下がったりします。まずは、ものの価格がどのように決まるか見てみましょう。

なるべく安く買いたい人たち

50円で
買いたい

100円
だといいな

おいしいなら
200円でも
いい

150円まで
なら出せる

りんご**1**つ

（つくるのに
50円かかる）

なるべく高く売りたい人たち

もうけは
ないけど
50円でいいよ

80円以上なら
売ってもいい

150円で
売りたい

100円で
どうかな？

100円なら
買うよ！

価格

需要量と価格の
関係を表す線

200円

100円

100円

供給量と価格の
関係を表す線

均衡価格

少ない　　　多い　商品量

100円なら
売るよ！

買いたい人と売りたい人の
希望が重なったちょうどよい
価格を、均衡価格というのよ

価格が安すぎると
売りたくないし
高すぎると買いたくない
ということですね…

● 価値が上がるとき

それまで1つ100円だったりんごが、急に値上がりして1つ150円になってしまうこともあります。価格が急に上がる原因には、どのようなものがあるのでしょう。

りんごが急に高くなった！

商品の数がへってしまう

台風など天候の影響により、野菜やくだものがあまりとれず、お店で売られる数がへってしまうことがあります。しかし、買いたい人の数はへらないので、需要が供給を上回り、値段が上がります。

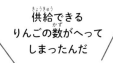

供給できるりんごの数がへってしまったんだ

供給が天候に左右されるんだね

天候によっては、逆に野菜やくだものがとれすぎて需要が供給を下回ることもある。そうすると、価格は下がっていくよ

買いたい人が急に増える

有名人がテレビやSNSで宣伝するなどして、商品が大流行して買いたい人が急激に増えることがあります。しかし、急には供給する量を増やせないので、やはり需要が供給を上回り、値段が上がります。

人気が出すぎて供給が追いつかないよ

買いたい人が多すぎても値段が上がるんだね

流行が終わって商品があまり売れなくなると、価格が下がりますよ

天候や流行、技術の進歩などさまざまな理由で価格は変わるのよ

世の中の動きと価格は結びついているんですね

● 社会全体でお金の価値が変わる

需要と供給のバランスだけでなく、社会の経済環境の変化も価格に影響します。ものがたくさん売れることで企業がもうかり、企業につとめる従業員の給与が上がり、給与が上がったことで買い物などの消費が増え、その結果物価が上昇していく状況を

「インフレ（インフレーション）」といいます。
反対に、社会全体の景気が悪くて給与も上がらず、ものをほしがる人が少なくなり、それによってものの価格が下がることを「デフレ（デフレーション）」といいます。

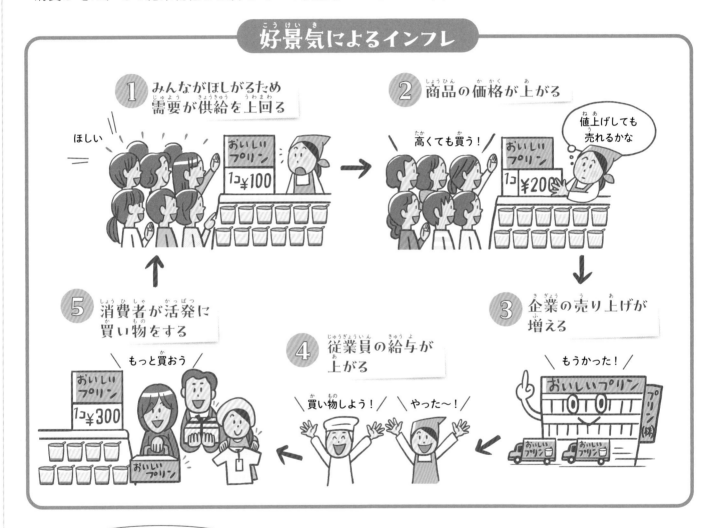

好景気によるインフレ

1 みんながほしがるため需要が供給を上回る

2 商品の価格が上がる

3 企業の売り上げが増える

4 従業員の給与が上がる

5 消費者が活発に買い物をする

インフレが進むと、お金の価値が下がっていくんだ

原材料などの価格が上がることによって起きるインフレもあるのよ

ホットドッグに使うケチャップを
スーパーに買いにいったら
前に買ったときよりも
値段が高かったんですよ

どうして？

今は円安だからね。
食品や日用品が
値上がりしているんだよ

● 円の価値で価格が変わる

日本の通貨である円と、海外の通貨の価値を比べたとき、円の価値が上がることを「円高」、価値が下がることを「円安」といいます。通貨の価値はその国の経済状況を背景としているので、つねに変化しています。

ニュースなどで
円高・円安というときは、
アメリカのドルに対して
使われることが多いよ

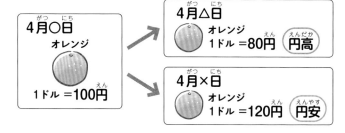

4月〇日
オレンジ
1ドル＝100円

4月△日
オレンジ
1ドル＝80円　円高

4月×日
オレンジ
1ドル＝120円　円安

今日は1ドルのオレンジを100円で買えるとします。しかし、別の日には1ドルのオレンジを買うのに120円かかります。この場合、1ドルのものを買うのに円を多く支払わなければならないので、円の価値が下がったことになり、「円安」といわれます。また、別の日に1ドルのオレンジが80円で買えるのであれば、これは円の価値が上がったことになり、「円高」といわれます。

円高のとき

円高のときは、海外の通貨に対して支払う円が少なくなるので、海外の商品を安く輸入できます。いっぽう、輸出品は外国では値上がりすることになり、売れにくくなります。また、日本から海外への旅行客が増えます。

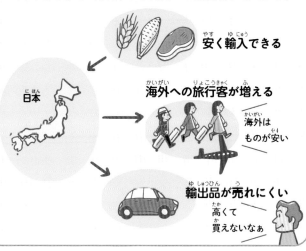

安く輸入できる

日本

海外への旅行客が増える
海外はものが安い

輸出品が売れにくい
高くて買えないなぁ

円安のとき

円安のときは、海外の通貨に対して払う円が多くなるので輸入品が高くなります。いっぽう、日本からの輸出品は外国では安く買えることになるため売れやすくなります。輸出品にかかわる企業はもうかります。また、海外から日本への旅行客が増えます。

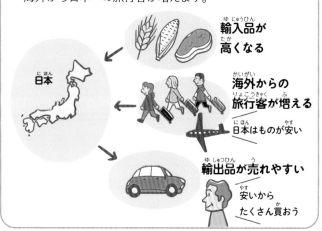

輸入品が高くなる

日本

海外からの旅行客が増える
日本はものが安い

輸出品が売れやすい
安いからたくさん買おう

まっち！お茶カフェでも
ケチャップなどの値上がり
など、円高・円安の影響が
あるんですね

円安がつづいて
もっと値上がりするようなら
メニューの価格も考え直さないと
いけないかもしれないわね

3章 はたらく仲間を集めたい！

改装中の古民家にやってきました

わあ！ すごくきれいになってる！

レトロな感じが残っているのに新しい感じもする…！

ふふふ…わかる？

すごーい

ふくふくさん！

はーい

改装工事現場へようこそ！

こんにちは！差し入れを持ってきたんです

あら！

これ、地元のお茶なんです飲んでみてください

まっ茶味のマドレーヌも持ってきました

じもとのお茶

お店で出したいおかしです

それなら休けいにしましょうか

みんなーさしいれいただいたよ！

ようやくメニューも
決まったんです

次は、お店でどんな人に
はたらいてもらおうか
考えていて…

それはとっても
大切なことね

会社やお店をつくるのは
ひとりででもできるけど

ひとりで運営するのは
大変だから

もともと、いろんな人と
協力してやりたいって
言っていたんだよね

どういう人を
イメージしていたの?

子育て中の
お母さんとか

高校生や
大学生の人とか

あと…
学校以外の
つながりが
ほしい人とか…

ほかに、こういう人が
いたほうがいいとか
ありますか?

そうだね…

専門家がいると
いいかな

専門家?

せっかく地元のお茶を
売りにするんだから
おいしいいれ方を
知っている人とか

お茶のことに
くわしい人が
いるといいよね

それから、お店を
開くのに必要な
資格をもっている人

どんな資格が
いるんですか?

「食品衛生責任者」と
「防火管理者」の
ふたつかな

それってわたしたちでも
とれる資格なんですか?

中学生ではまだ
とることができないから
資格をもっている人を
やとえばいいんだよ

なるほど!

資格のことは
お母さんに
たのんでみよう
かなあ…

それが
いいかも
しれない
わね

カフェの運営に必要な人は？

カフェを運営するためには、どんな人がいればいいのでしょうか。お店で調理や接客をする人はもちろん、メニューを考えたり食材の仕入れをしたりする人や、毎日のお金の出し入れを記録する経理の人も必要です。

● カフェでの役割を考えよう

カフェを運営するにあたって、どのような仕事があるのか考えてみましょう。お店ではたらく人には、メニューの調理や接客のほか、お店のそうじやレジでの会計などの仕事があります。お店を運営していくには、これらの仕事をうまく役割分担していくことが大切です。

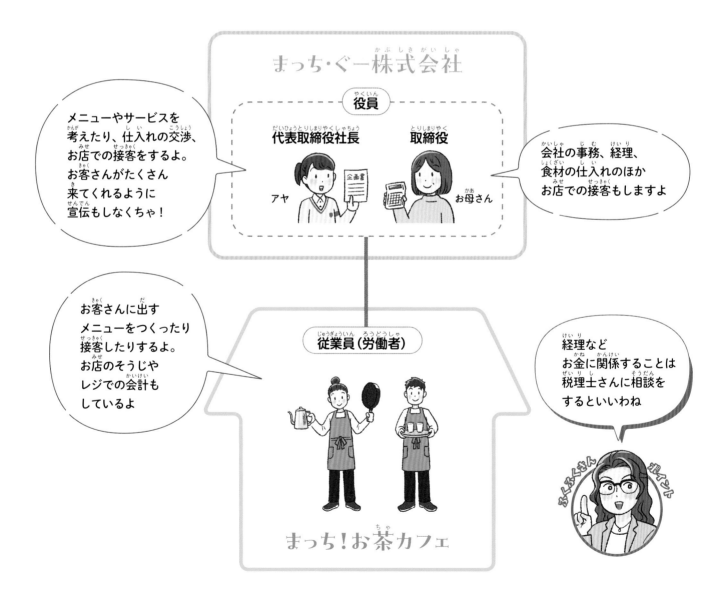

まっち・ぐー株式会社

役員

代表取締役社長　アヤ　　取締役　お母さん

メニューやサービスを考えたり、仕入れの交渉、お店での接客をするよ。お客さんがたくさん来てくれるように宣伝もしなくちゃ！

会社の事務、経理、食材の仕入れのほかお店での接客もしますよ

従業員（労働者）

お客さんに出すメニューをつくったり接客したりするよ。お店のそうじやレジでの会計もしているよ

経理などお金に関係することは税理士さんに相談をするといいわね

まっち！お茶カフェ

● カフェを開くために必要な資格

カフェなどの飲食店を開業するためには、「食品衛生責任者」と「防火管理者」の資格が必要です。これらの資格はお店ではたらく従業員のひとりがもっていればよいので、資格をもっている人をやとうことでも解決できます。

じつは、カフェを開くのに調理師免許は必要ないんだ

食品衛生責任者

飲食店を開くときに必ず必要とされている資格。衛生面に注意して、お店で食中毒が起こらないように気を配る役割をもつ。講習と試験を受け、修了後に修了証書を交付してもらう。受講資格は17歳以上。

防火管理者

お店が火事にならないよう、管理をおこなうための資格。建物の収容人数が30人以上になる場合に必要。消防署などでおこなう講習と試験を受け、修了証を発行してもらう。

お母さん！このふたつの資格をとってください！

まかせなさい！

● カフェを開くために必要な届け出

飲食店を開業するときには、保健所に「飲食店営業許可申請」を、消防署に「防火対象物使用開始届」を申請する必要があります。自分で書類をつくって申請するほか、行政書士(→ P46)などの専門家や工事をおこなう業者などに書類をつくってもらうこともできます。内装を考える段階で、保健所や消防署へ相談に行くとよいでしょう。

飲食店営業許可申請

お店のある場所を管轄する保健所に、開店の2週間前までに申請する。キッチンのシンクの数や、客席とキッチンの間にとびらがあるか、トイレの位置、手洗い設備の設置など、細かいルールがある。申請後、保健所の担当者がお店を検査して合格なら営業許可証が交付される。

防火対象物使用開始届

お店のある場所を管轄する消防署に届け出る。開店もしくはお店の内装工事を始める7日前までにおこなう。申請後、消防署員がスプリンクラーや消火器、消火栓、誘導灯など防火設備の検査をして、問題がなければ開店できる。

何歳からはたらけるの？

労働基準法では、18歳未満は「年少者」とされ、基本的に時間外労働やクレーンの運転などの危険な仕事はさせてはならないと決められています。また、満15歳の3月31日までは「児童」とされ、労働させることはできません。しかし、映画や演劇などの子役については例外とされています。また、株式会社の「役員」であれば「労働者にはあたらない」とされているため、年少者や児童でも就任することができます。

18歳未満(年少者)

時間外労働や危険な業務の禁止などの制限があるが、はたらくことができる。

18歳以上

どのような仕事にもつくことができるが、高校生については学業が優先となるため学校の許可が必要なことも。

いろいろなはたらき方

はたらく人をやとうときには、会社が望むはたらき方と、はたらく人の希望をすり合わせて、雇用契約を結びます。さまざまなはたらき方があるので知っておきましょう。

● いろいろな雇用のかたち

会社と労働者の間で結ばれる雇用契約にはいくつか種類があります。雇用形態の種類によって、契約内容や契約期間、勤務時間などがことなります。

どのようなはたらき方がいいか、会社もはたらく人もよく考えて契約しましょう

正社員

会社と直接、正規雇用の契約を結んだ社員のこと。基本的に、1日8時間、1週間に5日間はたらき、雇用期間に定めがありません。最近は短時間の勤務で契約する「短時間正社員」もあります。

契約社員

あらかじめ雇用期間が定められており、1回あたりの契約期間は最長で3年間です。契約期間が終わると、労働契約は自動的に終了しますが、契約が更新されれば同じ会社で引きつづきはたらくことができます。

パートタイマー・アルバイト

1週間の労働時間が同じ職場ではたらく正社員よりも短い労働者のことで、「短時間労働者」ともいいます。会社としては、仕事がいそがしいときにやとったり、いそがしくないときには労働時間を短くしたりするなど、調整がしやすい雇用形態です。

派遣社員

人材派遣会社と雇用契約を結んだ労働者が、別の会社に派遣されて、その会社の仕事をします。派遣先の会社としては高い専門知識をもった人を集めやすく、給与や社会保険料は派遣会社が支払うため、人件費や人事にまつわる費用を削減できます。

● それぞれの事情に合わせた勤務形態を考える

子育て中で短時間だけはたらきたい人や、学校が終わってから夕方だけはたらきたい人など、それぞれにさまざまな事情があります。いろいろな人がはたらけるよう、さまざまなはたらき方を選べるようにしておくことも大切です。

固定労働時間制

会社の指定する時間帯に、1日8時間、1週間40時間以内の法律で定められた労働時間を守ったはたらき方。これ以上の時間はたらいた場合は時間外労働(残業)として、その分の賃金が支払われます。

月～金
9：00～18：00
土日祝日休み

変形労働時間制

1日8時間以内の法定労働時間を1日単位で考えるのではなく、週、月、年単位で総労働時間を決めておきます。いそがしいときは労働時間を長く、いそがしくないときは短くするというように調整できます。

いそがしいときだけ
労働時間を増やす

フレックスタイム制

変形労働時間制のひとつで、あらかじめ総労働時間を決めておいて、その範囲内ではたらく時間を調整できます。始業・終業時間を自分で決めることができるはたらき方です。

今日は10時から
仕事を始めよう

育児短時間勤務制

子どもが3歳になるまでは、1日の労働時間を原則6時間にすることを選べます。育児と仕事の両立をはかれる方法ですが、労働時間に応じて給与は減額されます。

子どもが3歳に
なるまでは
1日6時間！

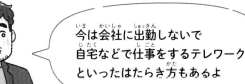

今は会社に出勤しないで
自宅などで仕事をするテレワーク
といったはたらき方もあるよ

● 雇用契約書をつくろう

会社とはたらく人との間で、雇用契約書をつくってもよいでしょう。会社から、勤務形態、勤務時間、休憩時間、休日、給与、退職制度、社会保険などの労働条件をしめした文書をわたします。はたらく人と会社が納得したうえで、おたがいに署名捺印して雇用契約を結びます。

労働条件が書かれた
「労働条件通知書」があれば
口頭での雇用契約でもよいですが、
契約書で残しておくと安心ですね

はたらく人をやとうための費用

会社がはたらく人をやとうためには、給与を支払うほかにも、通勤にかかる交通費や、社会保険料などの費用が必要になります。人件費にはどれくらいの費用がかかるのか見てみましょう。

● 社員ひとりをやとう費用

会社は、社員に月に一度給与を支払います。また、年に1回〜数回、賞与(ボーナス)を支給することもあります。賞与は支給する義務はなく、会社ごとに支給するかどうか決めることができます。給与以外にも社会保険料などさまざまな費用を会社が負担しており、これらの費用が人件費となります。

社員ひとりにかかる費用

会社への往復の交通費(定期代)。

● 通勤費

● さまざまな手当
家族手当、資格手当、役職手当、時間外労働手当など。

● 賞与
支給するかどうかは会社ごとに決める。

● 法定福利費
社会保険料は、会社と従業員が国に支払う。

● 福利厚生費
健康診断、慶弔費、社員旅行など、社員のために使う費用。

など

人件費
給与のほか、通勤費、社会保険料などさまざまな費用がふくまれる。

給与

給与明細書

会社って、給与のほかにこんなに負担しているんだね

人件費は、給与として支払う額よりもずっと多いのよ

● 給与のしくみ

給与とは、会社がはたらく人へ支払うお金のことです。月に一度、はたらいた対価として支払います。給与の中には、年齢やはたらいている年数や能力などによって決まる基本給、役職・資格・家族の有無などによってつく各種手当がふくまれます。そして、給与の支給額から、従業員が負担する分の社会保険料(→ P42)や税金(→3巻)を差し引いて(天引き)支払われます。

給与明細の例

基本給が20万円のときの給与明細を見てみましょう。

各種手当などをふくめた給与として支払われるお金。

年齢などに応じて決められる基本となる賃金。

残業代のこと。決められた時間より多くはたらいたときに支給される。

会社の業務に役立つ資格をもつ人に支払われる。

養っている家族がいる人に支払われる。金額は会社ごとに決める。

通勤にかかる交通費。一定の額まで税金はかからない。

支給	基本給	時間外労働手当			資格手当	家族手当	通勤費	総支給額
	200,000	0			0	0	5,000	205,000

控除	健康保険	介護保険	厚生年金	雇用保険	社会保険合計	所得税	住民税	税額合計	総控除額
	10,000	0	18,300	700	29,000	3,000	7,000	10,000	39,000

								差引支給額	166,000

社会保険料や税金など給与から差し引かれるお金。

社会保険料のうち、健康保険、介護保険(40〜64歳の人のみ)、厚生年金は会社と従業員が半額ずつ負担する。雇用保険は従業員よりも会社が負担する額が多い。

収入(所得)に応じて国におさめる税金。

市区町村におさめる税金。前の年の収入(所得)によって金額が変わる。

実際にもらえるお金。

上の段が支給される額、下の段が社会保険料など差し引かれる額だね

20万円をそのままもらえるわけじゃなくて、社会保険料や税金をこんなに払っているんだね

最低賃金ってなに?

給与の額は、仕事の内容やはたらいた時間などによって変わりますが、会社(雇用者)は最低でもこれくらいを支払わなければならないという額が、国によって定められています。これを「最低賃金」といいます。最低賃金の額は、地域によって物価(ものの値段)がことなるため、都道府県ごとに決められています。

おもな都道府県の最低賃金

都道府県	1時間当たりの額	都道府県	1時間当たりの額
北海道	960円	大阪府	1064円
秋田県	897円	鳥取県	900円
栃木県	954円	広島県	970円
東京都	1113円	高知県	897円
新潟県	931円	福岡県	941円
静岡県	984円	沖縄県	896円
愛知県	1027円	全国平均	1004円

※令和5年10月時点での地域別最低賃金(厚生労働省)

はたらく人を守るために

はたらく人が健康で元気にはたらいていくために、会社は社会保障にかかわる費用を払ったり、はたらくときのルールを守ったりと、さまざまな義務をはたす必要があります。

● 会社と従業員で負担し合う

社会保険は、病気、老後、介護、障害など、思いがけない状況になったときに助け合うための制度です。会社には社会保険料を必ず負担する義務があり、多くは従業員と半額ずつ支払っています。会社が保険料を負担することで、従業員が病気やけがをしたときにも安心してはたらけるようサポートする意味があります。

アルバイトやパートタイマーでも、一定の条件を満たした人は、社会保険に入ることになっています

健康保険

加入していれば、病気やけがをして病院で治療を受けたときに、原則として治療費の3割の負担ですむ。また、出産や病気などで会社を休んだときに手当金をもらうことができる。

年金保険

はたらく人が65歳以上になったとき、年金を受け取ることができる。また、障害を負ったときなどにも年金が受け取れる。個人ではたらいている人は「国民年金」に加入する必要がある。

介護保険

40歳以上になると支払う必要がある。加入者に介護が必要になったときに、介護サービスを受けることができる。

雇用保険

仕事をうしなったときや出産・育児・介護などのために仕事を休んだときに、失業手当などが受け取れる。従業員よりも会社が負担する額のほうが多い。

会社は従業員の健康を守るために、健康診断を受けてもらう必要があるんだ

健康診断のお金は会社が払ってくれるんですね！

労災保険

仕事中や通勤途中に事故や災害にあったときの医療費や、仕事を休んでいる間の賃金や給付金が受け取れる。労災保険は会社が全額負担する。

● 労働基準法で決められているおもなルール

労働基準法では、はたらく人をやとうときに守らなくてはいけない最低限のルールを定めています。会社をつくるときには、はたらく人のくらしを守るために、それらのルールを知っておく必要があります。ここでは、おもなルールを紹介します。

ルール1 労働条件を明らかにする

はたらく人をやとうときには、労働時間や給与、保険、退職についてなど、労働条件を明らかにしなければなりません。労働条件を文書に明記した労働条件通知書を交付しなければなりません。

ルール2 労働時間を守る

1日8時間以内、1か月40時間以内という法定労働時間が決められています。法定労働時間をこえてはたらく場合は、事前に会社と従業員で取り決めをし、労働基準監督署へ届け出をします。法定労働時間より多くはたらいたときは、時間外労働手当を支払います。

ルール3 年次有給休暇をとらせる

年次有給休暇とは、はたらく人に賃金が支払われる休暇のことです。会社は従業員ひとりにつき、最低でも年に5日間の年次有給休暇をとらせなければいけません。

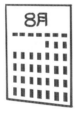

ルール4 産前・産後休業などをもうける

出産のための休暇をもうける必要があります。産前は出産予定日の6週間前、産後は出産の翌日から8週間は、はたらかせてはいけません。また、産後8週間以降は、育児休業をとることができます。

介護休業もとることができるよ

ルール5 会社をやめるときは

労働者が退職したいと申し出たときは、むりに引きとめることはできません。退職に関しては民法の規定により、2週間前までに申し出ればよいとされています。やむを得ない事情で、会社から従業員を退職させる（解雇）ときは、30日前までに伝えなければなりません。

会社の従業員が増えてきたらこれらのことを就業規則としてまとめて、労働基準監督署へ届け出ておくといいですよ

はたらく人を募集しよう

会社やお店ではたらいてもらう人を募集するために、求人広告をつくります。求人広告では、自分たちが求める人材がどのような人なのか伝えるとともに、会社の特徴や魅力をアピールし、仕事内容をわかりやすく紹介します。

● 会社の特徴や魅力を伝える

求人広告を見た人に「このお店(会社)ではたらきたい！」と思ってもらえるように、会社の特徴や魅力をアピールします。自分たちのめざすことや会社の理念などを、わかりやすいキャッチフレーズにするとよいでしょう。

> みんなの力で商店街に
> にぎわいを取りもどそう！

わたしたちの目標を
キャッチフレーズにしたよ

● 仕事内容をくわしく説明する

どのような仕事をするのか、くわしく説明しましょう。たとえば、「接客の仕事です」とひとことで書くよりも、「お店に来るお客さんから注文を受けたり、料理をテーブルへ運んだりするお仕事です」と、ていねいに書いてあったほうが、自分にできそうな仕事か判断する基準にもなります。

> 地元のお茶をメインにしたメニューのかんたんな調理や、お店に来るお客さんに注文を聞いたりするお仕事です。短時間でもOK！

仕事の内容がわかると
応募しやすくなるね

● どんな人に来てほしいか書く

自分たちがどんな人とはたらきたいか、具体的に書きましょう。接客の経験がある人がいいのか、未経験でもよいのか、学生でもはたらけるのかなど、よびかけるターゲットをしぼりこんでいくとよいでしょう。

> ・人と話すのが好きなかた
> ・明るくてまじめなかた
> ・未経験のかたでも大丈夫、ていねいに教えます！
> ・学生、フリーター、主婦・主夫のかた大歓迎！

だれに向けてよびかけるのか
イメージしてみよう

● 労働条件をわかりやすく

　給与(時給)はいくらか、何時間はたらくのか、どこではたらくのか、何人募集しているのかなど、どのような労働条件があるか明確にすることも大切です。自分が応募するとしたらどんなことが知りたいかを考えてみましょう。

● 発信の方法はさまざま

　求人広告は、お店(会社)のウェブページ、求人サイト、チラシやポスター、SNSなどで発信することができます。多くの人の目にとまるよう、さまざまな方法で募集しましょう。

ウェブページ・SNS

お店や会社のウェブページやSNSの目立つところに求人広告を出します。求人サイトでは伝えきれない自分たちの思いや、スタッフの体験談、ほかのお店や会社とのちがいなどをくわしく書くことができます。また、求人サイトへ支払う手数料などの費用をへらすことができます。

求人サイト

ウェブ上で手軽に見ることができる求人サイトは、キャリアや雇用形態ごとに分かれているので、ターゲットをしぼって募集することができます。サイトごとに掲載するための費用がことなるので、いろいろなサイトを比べて、自分たちに合ったサイトを選びましょう。

ポスターやチラシは商店街のお店にたのんではらせてもらうことになったの!

はたらきたい人がたくさん来るといいね

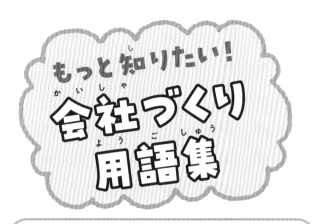

もっと知りたい！
会社づくり
用語集

労働基準法

労働条件に関する最低限のルールを定めた法律。賃金、労働時間、時間外労働や休日のもうけ方、年次有給休暇、解雇や退職について、さまざまな決まりがある。

法定福利費

会社が支払うことを法律で義務づけられている社会保険料。健康保険料、介護保険料、厚生年金保険料、労災保険料、雇用保険料、子ども・子育て拠出金の6種類がある。

福利厚生費

会社が社員に給与・賞与以外のサービスとして提供し、それが経費として認められる費用のこと。社員旅行、健康診断、社員食堂、出張手当などさまざま。

行政書士

個人や企業から依頼されて、国や自治体に提出する書類の作成や手続きを代わりにおこなうことを仕事にしている人。

事業年度

決算をして税金をおさめるために設定する一定期間のこと。1年間を1期とすることが多いが、期間の長さは半年、3か月などに設定することもできる。

定款

会社を経営していくための基本的なルールをまとめたもの。会社を設立するときにつくることが義務づけられている。

金融機関

資金が必要な人と、資金を出せる人の間に立って、お金のやりとりをおこなう銀行や証券会社、保険会社などのこと。

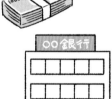

利息

借りたお金の使用料として、貸した人に支払うお金のこと。利子ともいう。

税理士

税に関する専門家。税金の計算をする、税についての書類をつくる、税についての相談を受ける、法人税などの申告をおこなうといった仕事をする人。

さくいん

監修者

あんびるえつこ

文部科学省消費者教育アドバイザー。1967年、神奈川県横須賀市生まれ。新聞社で生活経済記事を担当しながら、日本FP協会認定ファイナンシャルプランナーの資格を取得。出産を機に退社後は、家庭経済の記事を新聞や雑誌に執筆。講演活動も精力的におこなう。全国の学校でおこなわれている授業「カレー作りゲーム」の考案者でもある。一男一女の母。「子供のお金教育を考える会」代表、ASK依存症予防教育アドバイザー。

福島美邦子（ふくしま・みなこ）

立教大学文学部心理学科（産業心理学・マーケティング専攻）卒業。マーケティングリサーチ会社にて商品開発・戦略立案、消費者調査等実務経験を積んだのち、フリーのプランナーを経て、2013年にリノベーション＆インテリアコーディネート・マーケティングコンサルをおこなう㈱プランニングオフィス Room375を起業。デザイン・現場監理、マーケティング業務のかたわら、まちづくりコミュニティ活動にも参加。

[スタッフ]
- ●装丁・デザイン　高橋里佳（有限会社ザップ）
- ●マンガ・イラスト　小川かりん　上田英津子
- ●校正　　　　　　株式会社みね工房
- ●編集制作　　　　株式会社KANADEL

会社をつくろう―お金と経済のしくみがよくわかる本―②
会社をつくる準備をしよう

2024年3月31日　第1刷発行

監修者	あんびるえつこ　福島美邦子
発行者	小松崎敬子
発行所	株式会社岩崎書店

〒112-0005 東京都文京区水道1-9-2
TEL 03-3812-9131（営業）　03-3813-5526（編集）
振替 00170-5-96822

印刷所	図書印刷株式会社
製本所	大村製本株式会社

Published by IWASAKI Publishing Co.,Ltd
Printed in Japan NDC335 ISBN978-4-265-09171-3 48P 29×22cm
岩崎書店ホームページ　https://www.iwasakishoten.co.jp
ご意見、ご感想をお寄せください。info@iwasakishoten.co.jp
乱丁本、落丁本は小社負担にてお取り替え致します。

会社をつくろう

お金と経済のしくみがよくわかる本

全3巻

監修 あんびるえつこ・福島美邦子